藤原邦恭

いかだ社

はじめに

　作品ができあがって最初に見せたのは、とある保育士のOBでした。感想は「私の現役のときにこれがあればぜひやりたかった！　子どもたちの喜ぶ姿が目に浮かびます！」でした。

　大変うれしかったのは、演技を見た後、直感でそう言ってくださったことです。普通のマジックをする場合、子どもたちが喜ぶ光景は想定できますが、その前に「私にできるかな？　失敗しないかな？」といった不安が先によぎります。その不安を感じない、もしくはそれらを乗り越えてやる気にさせるものを考えるのが1つのテーマだったからです。そして意外な変化を起こしながらも理解できる展開を、また参加して楽しめる内容を目指して、本書は作られました。

●1部の「びっくり歌遊び」では…
●童謡のストーリーをベースに
　かわいいイラストが変化！
　例えば…てるてるぼうずのイラストがあります。
「皆さん、これは何でしょう？…」
「てるてるぼうず～！」
　そんな、ごく普通のやりとりから始まります。
「…おまじないをかけると…」このひと言で一気に注目が集まり、次の瞬間、バシュ！紙が大きく広がり、空に虹のかかったイラストが現れます。
　童謡がベースということは、セリフで語るのではなく一緒に歌いながらも？　…はい、できるのです。

●2部の「手遊びものがたり」では…
●手遊びのストーリーをベースに、
　かわいいイラストの変化・展開！
　例えば…グーチョキパー。

　イラストのパー、グー、チョキが横並びであります。パーの角を斜めに折ると、チョキになります。まん中のグーを隠すと2つのチョキに。ここで、「両手がチョキチョキと言えば、さあ何でしょうか？」「かに！」そんなやりとりの後、紙を2つに折ると、かにのイラストが現れます。
　この後も、2つのパーでちょうちょを表現、そして紙1面にちょうちょのイラストが現れ、最後は「おわり」の文字でフィニッシュ。
　保育の現場でしたら普通に手遊びを行い、その前後どちらかに語りながら演じるのもおススメです。

●3部の「マジック歌遊び」では…
●童謡のストーリーをベースに、
　かわいいイラストの変化・物の出現・形の変化など！
　例えば…ももたろう。
　紙全面に桃太郎のイラストがあります。これを半分に畳み、傾けると…和菓子（きび団子？）がドサッと出てきます。紙を開くと、腰につけていたきび団子が消えていて桃太郎も困り顔に！
　歌いながら・語りながらのどちらでも行える、不思議重視のマジックシアターです。

　『おり紙マジックシアター』は歌って良し、語って良し、イラストを変えてバリエーションを楽しむのも良し。マジックとおり紙と歌物語、それぞれが合わさった夢のある世界をお楽しみください。

　演じる人、それを見る人の笑顔を夢見て。

マジッククリエイター　藤原邦恭

本書の特徴
『おり紙マジックシアター』は３部構成！

①びっくり歌遊び編
みんなで歌いながらのびっくりシアター！
- ●短い歌に合わせて楽しく展開でき、おどろきの要素も満載です。
- ●歌ではなく、お話でじっくり展開するシアターとしても楽しめます。（お話用のセリフ付き）
- ●誕生日会やクリスマス会、その他のイベントにも使えて実用的です。

②手遊びものがたり編
あの手遊びが、紙１枚のおり紙マジックとして新登場！
- ●お話でじっくり展開し、シアターとして楽しめます。
- ●手遊びとセットで、あるいは単独の遊びとしても楽しめます。
- ●お話ではなく、工夫しだいで手遊びの歌に合わせて実演することもできます。

③マジック歌遊び編
みんなで歌っておどろけるインパクト大のマジックシアター！
- ●歌に合わせて短く、インパクトのある展開ができます。
- ●歌でなく、お話で展開するマジックとしても楽しめます。（お話用のセリフ付き）
- ●他編の作品と合わせて、最後に演じるのがおすすめです。ラストを不思議で飾り、盛り上げてくれるでしょう。（簡単な仕掛けの工作もあり）

　作品ごとに、型紙、折り方、工作の手順、演じ方（お話で演じる場合、歌に合わせて演じる場合など）、ポイントなどをくわしく説明しています。演技者（自分）の手元（裏側）から見たイラストもありますので、とてもわかりやすく、正しく演じることができます。

型紙について
全ての作品に型紙が付いています。

●**自分で好きな色を塗って使う場合**
　型紙を四角い枠とその余白ごと原寸でコピーします。そして色鉛筆やサインペンなどで色付けをします。その後、余白の四角い枠を切り取ります。最後は必要な大きさに応じてカラーの拡大コピーをします。
- ●A4サイズに… 143％拡大
- ●B4サイズに… 175％拡大
- ●A3サイズに… 202％拡大

両面イラストの場合…拡大コピーされた型紙の向きを合わせ、縁に沿って糊付けします。後は、本書に従って準備、演じ方と進めてください。

もくじ

はじめに…………2
本書の特徴…………3

びっくり歌遊び
みんなで歌いながらのびっくりシアター

1　てるてるぼうず…………5
2　いちねんせいになったら…………7
3　あかはなのトナカイ…………10
4　ハッピーバースデー…………12
5　うさぎ…………15
6　うさぎとかめ…………18
7　あがり目さがり目…………22
8　かたつむり…………26
9　もりのくまさん…………31

手遊びものがたり
あの手遊びが、紙1枚のおり紙マジックとして新登場！

10　グーチョキパー…………35
11　キャベツのなかから…………39
12　あたまかたひざポン…………44
13　イワシのひらき…………49
14　たまごでおりょうり…………54

マジック歌遊び
みんなで歌っておどろけるインパクト大のマジックシアター！

15　どんぐりころころ…………60
16　かくれんぼ…………64
17　ももたろう…………69
18　つき…………75
19　ゆき…………82
20　うらしまたろう…………88

おわりに　95

びっくり歌遊び

みんなの心が、すっきり晴れ晴れ！

1 てるてるぼうず

てるてるぼうずの絵を広げると、明るい虹の絵が現れます。

作詞：浅原鏡村

ポイント

はじめは、ゆっくりと開く練習をして、慣れたら一気に開くようにします。

紙を広げるとき、なるべく下の左手を動かさず、右手だけを持ち上げるようにします。絵の変化がより目立ちます。

折り方・演じ方の準備 [型紙6ページ]

1

２つの斜めの線に、山折り・谷折り両方の折りぐせをつけておきます。後は矢印に従って、折っていきます。
（山折り→／谷折り⇒）

2

3

4

こちらの面を相手側に向けて、準備完了です。

演じ方

①

図のように持って始めます。

お話
皆さん、これは何でしょう？…
そうです、てるてるぼうずさんです！
よく見ていてください。天気になるように、おまじないをかけると…

♪ てるてるぼうず
てるぼうず
あ〜したてんきに
しておく

②

右手を斜めに引っ張り上げて、紙を開きます。

お話
はい、この通り、虹が出ました！

♪ れ〜

1　てるてるぼうず型紙

てるてるぼうず

作詞：まどみちお

元気な曲に合わせて、みんな、びっくりにっこり！

2 いちねんせいになったら

1年生のお友達があざやかに増えます。

折り方・演じ方の準備 [型紙9ページ]

1   2 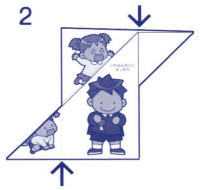 3 4

2つの斜めの線に、山折り・谷折り両方の折りぐせをつけておきます。
後は矢印に従って、折っていきます。
（山折り→／谷折り⇒）

こちらの面を相手側に向けて、準備完了です。

演じ方

①

♪いちねんせいに なったら

図のように持って始めます。

お話
こんにちは、1年生の○○さんです。お友達を紹介します。○○さん、出ておいで～

②

♪いちねんせいに なったら

ゆっくりと後ろの紙を起こして、女の子を現します。

お話
2人はとっても、仲良しです。お友達がもっと増えると良いですね。

♪ともだちひゃくにん
　できるかな

紙の広げやすいところをつまみ、

お話
それでは見てください！
いち、にー、さん、

右手を斜めに引っ張り上げて、
紙を開きます。

お話
はい、こんなに、
たくさん増えました！

ポイント
最後の友達がたくさん増える場面
では、歌の終わり「できるかな」を
言い終えて、広げるようにします。
現象がよりわかりやすくなります。

2 いちねんせいになったら型紙

いちねんせいに なったら

びっくり歌遊び

ユニークなトナカイさん、サンタさんもびっくり！

3 あかはなのトナカイ

訳詞：新田宣夫
RUDOLPH THE RED-NOSED REINDEER
Words & Music by John D Marks
© by ST.NICHOLAS MUSIC,INC.
Permission granted by Shinko Music
Publishing Co.,Ltd.
Authorized for sale in Japan only.

突然トナカイさんの胴が伸び、サンタさんが現れます。

折り方・演じ方の準備 [型紙11ページ]

全ての線に、山折り・谷折り両方の折りぐせをつけておきます。
後は矢印に従って、折っていきます。
（山折り→／谷折り⇒）

ポイント
観客の予想以上に短く終わるので、観客と一緒に歌う場合には「歌は短く途中で終わります」と伝えてから始めると良いです。

こちらの面を相手側に向けて、準備完了です。

演じ方

① ♪まっかなおはなの トナカイさんは いつもみんなの わらいもの

図のように持ち、後は歌やセリフに合わせて、横に引っ張ります。

お話
鈴をつけたトナカイさんです。
今から特技を見せますよ。
メリー〜〜〜〜〜〜〜〜
クリスマス！

② ♪ジャン

お話
ながっ〜！
伸びちゃいました。
サンタさんもいっしょだよ。

3 あかはなのトナカイ型紙

あかはなのトナカイ

びっくり歌遊び

訳詞：丘 灯至夫

愛情たっぷり、手作りケーキを召し上がれ！
4 ハッピーバースデー

カップケーキが大きなケーキに変わります。
シェフも1人から2人に変わります。

折り方・演じ方の準備 [型紙14ページ]

1
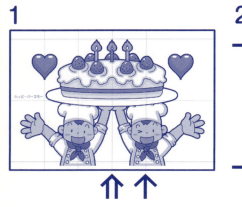

2
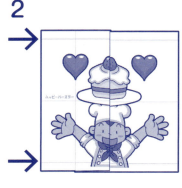

3
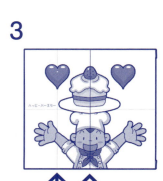

全ての線に、山折り・谷折り両方の折りぐせをつけておきます。
後は矢印に従って、折っていきます。
（山折り→／谷折り⇒）

4
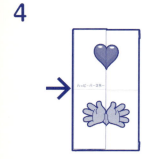

5

こちらの面を相手側に向けて、準備完了です。

・・・・・ ポイント ・・・・・
お祝いのメッセージといっしょに演じるのにとても良いです。
　できれば大きな紙（A3サイズ）でやりたいですね。
・・・・・・・・・・・・・・・・

12

演じ方

① 図のように持ちます。

♪ハッピーバースデー
トゥユー

お話
ハートです。

② 紙を反転させます。

♪ハッピーバースデー
トゥユー

お話
プレゼントを用意しました。

③ 手前の紙を上げます。

♪ハッピーバースデー

お話
心のプレゼントです。

④ 図のように持ち替えます。右手は相手側の1枚だけを持つようにします。

♪ディア ○○さん

お話
せーの

⑤ 横に引っ張ります。

♪ハッピーバースデー
トゥー

お話
手作りのカップケーキです。

⑥ もう1度、横に引っ張ります。

♪ユー

お話
と思いきや、大きくなりました。
おめでとうございます！

4 ハッピーバースデー型紙

メルヘンチックな、折り紙マジック！
5 うさぎ

うさぎは夜空に現れる月をながめ、最後は月に向かって飛び跳ねます。

わらべうた

折り方・演じ方の準備 [型紙17ページ]

1
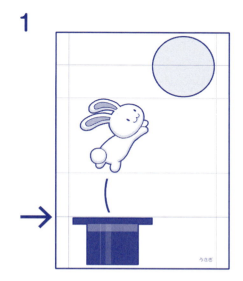

2
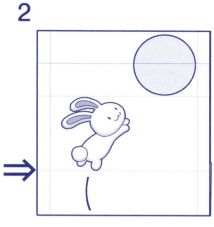

3
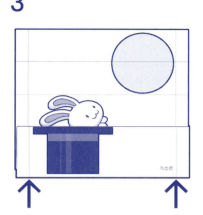

矢印に従って、折っていきます。
（山折り→／谷折り⇒）

4
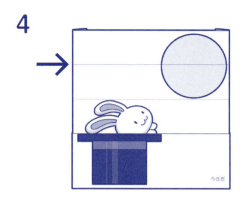

5
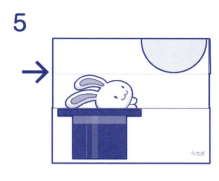

6

こちらの面を相手側に向けて、準備完了です。

演じ方

①

♪ うさぎ うさぎ

図のように持ちます。

お話
うさぎさんです。

②

♪ なにみてはねる

両方の指を使って、紙を起こし、半月を出します。

お話
何を見ているんでしょうか？
おや？

③

♪ じゅうごや おつきさま みて

紙を起こし、満月を出します。
演技の途中で、両手を上下に持ち替えます。

お話
お月様が現れました。
うさぎさん、なんか飛びたそうですね。どうするのかな？

④

♪ は〜ねる

引っ張り上げます。

お話
はい、飛びました！

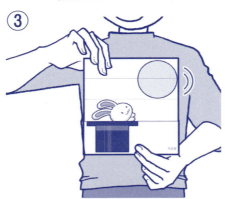

ポイント
歌が終わって、うさぎを飛び跳ねさせます。一拍おいて、注目させてからの方が効果的です。あせって急がないようにしましょう。

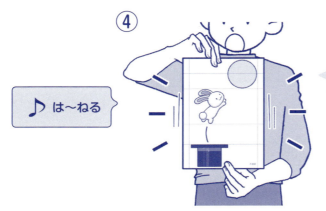

5　うさぎ型紙

びっくり歌遊び

うさぎ

17

作詞：石原和三郎

新物語、かめは本当にのろいのか？
6 うさぎとかめ

うさぎより後方にかめがいます。
紙を畳んで開くと…かめは一気に追い越しています！

折り方・演じ方の準備 [型紙（A）20、（B）21ページを貼り合わせる]

1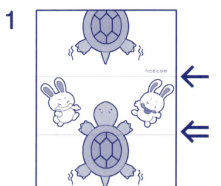

全ての線に、山折り・谷折り両方の折りぐせをつけておきます。
後は矢印に従って、折っていきます。
（山折り→／谷折り⇒）

2

こちらの面を相手側に向けて、準備完了です。

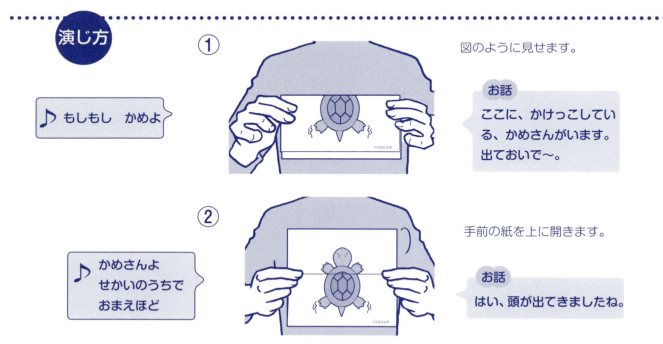

演じ方

① 図のように見せます。

♪ もしもし　かめよ

お話
ここに、かけっこしている、かめさんがいます。出ておいで〜。

② 手前の紙を上に開きます。

♪ かめさんよ
　せかいのうちで
　おまえほど

お話
はい、頭が出てきましたね。

③

♪ あゆみの のろい
ものはない
どうして

全体を反転させて、うさぎの面を見せます。

お話
さらに、うさぎさんも登場です。
かめさんより、いつも先にいます。
余裕だね！
かめさん追いつくのかな？

④

♪ そんなに

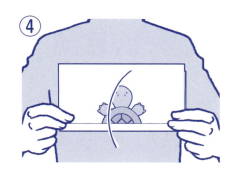

下半分を上に閉じるように折ります。

お話
それではみんなで、おまじないをかけてみよう。

⑤

♪ のろいのか

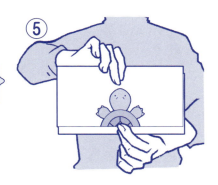

両手を上下に持ち替えます。

お話
せーの

ポイント

演技③（うさぎが上にある絵）を印象づけるために、他の面にくらべて長めに見せるようにします。観客はこちらが思うほどしっかりと見ていません。まして一緒に歌いながらでしたらなおさらです。
　見せる所は意識して長く見せ、後は切れ味の良いオチにつなげましょう。

⑥

紙を下に引っ張り、広げます。

お話
ビューン、あっ、追い越しちゃった！ はやっ！

6 うさぎとかめ型紙（A） 型紙はこちらを上にして貼り合わせます。

うさぎとかめ

6 うさぎとかめ型紙（B）　型紙はこちらを上にして貼り合わせます。

わらべうた

目をみはる変化、見事だニャー！
7 あがり目さがり目
あがった目にさがった目、最後はネコの顔に変化します。

折り方・演じ方の準備 [型紙（A）24、（B）25ページを貼り合わせる]

1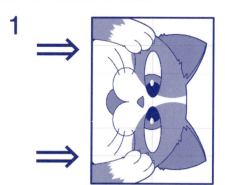

全ての線に、山折り・谷折り両方の折りぐせをつけておきます。後は矢印に従って、折っていきます。（山折り→／谷折り⇒）

2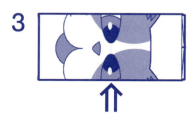

3

4

ここの後、今の折りを元に開き、図3に戻します。図3の面を自分側に向けて、準備完了です。

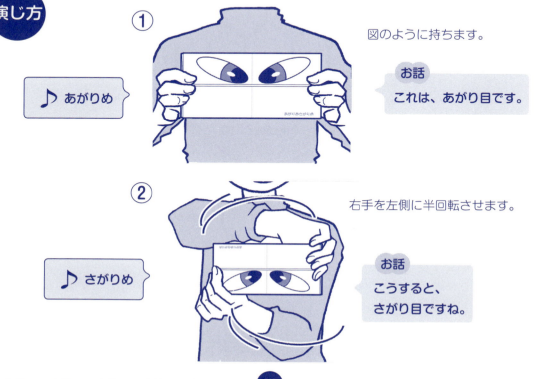

演じ方

① ♪あがりめ

お話
これは、あがり目です。

② ♪さがりめ

右手を左側に半回転させます。

お話
こうすると、さがり目ですね。

びっくり歌遊び

③

♪ くるりと

右手を戻し、

お話
それでは、この２つを混ぜてみましょう。グルグル回して…

（カコミ内は裏から見た図）

④

紙を下から手前に、２つ折りにします。両人差し指を手前の紙に差し込み、下に移動してつまみます。

お話
さあ、どうなるのでしょうか？

♪ まわして ね～この

A B

C D

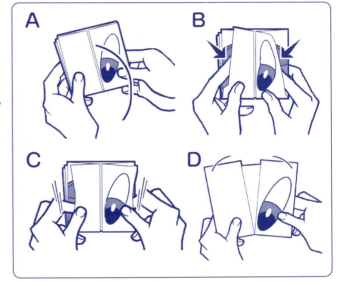

⑤

♪ め

紙を横に引っ張ります。

お話
なんとネコの横目になりました。

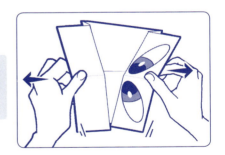

・・・・・ ポイント ・・・・・
最後の持ち替えの所で時間がかかるので、始めからゆっくりなペースで進めましょう。
　歌もゆっくり歌いましょう。

7　あがり目さがり目型紙（A）　型紙はこちらを上にして貼り合わせます。

あがりめさがりめ

| 7 あがり目さがり目型紙（B） | 型紙はこちらを上にして貼り合わせます。

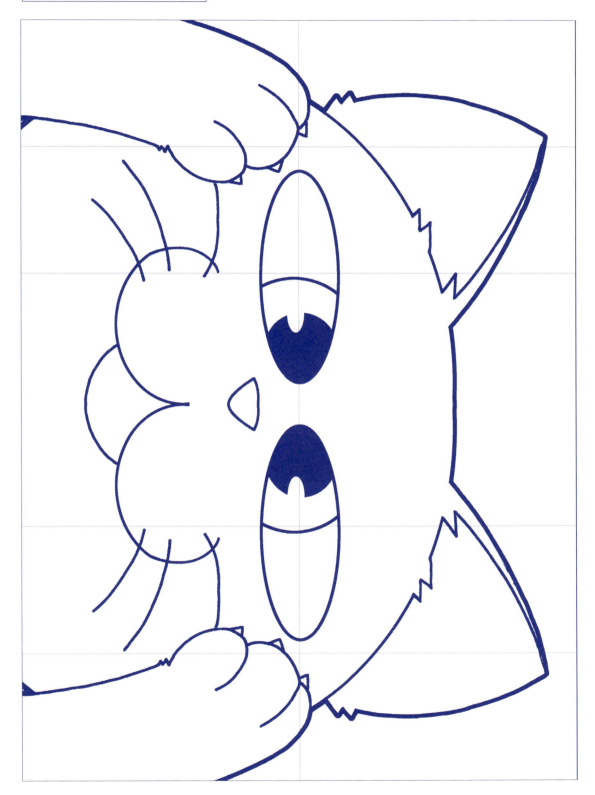

でんでん虫が少し大きく、最後はでっかく！

文部省唱歌

8 かたつむり

でんでん虫の殻が大きくなって、頭も現われ、
さらに大きくなります。

折り方・演じ方の準備 [型紙（A）29、（B）30ページを貼り合わせる]

1
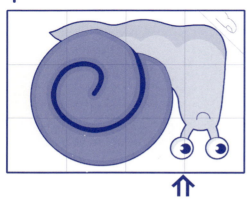

全ての線に、山折り・谷折り両方の折りぐせをつけておきます。
後は矢印に従って、折っていきます。
（山折り→／谷折り⇒）

2
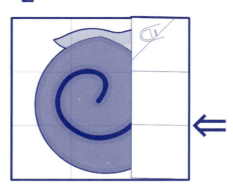

3
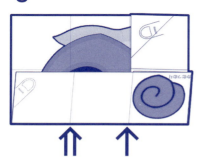

谷折りし、山折りします。

4
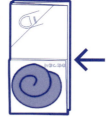

5

6

こちらの面を自分側に向けて、準備完了です。

・・・・・**ポイント**・・・・・
誰でも知っている曲なので、うまく歌に合わせられたら盛り上がります。
　歌に合わせられるよう指の動きを練習しましょう。

演じ方

① 図のように持ちます。

♪ でんでん

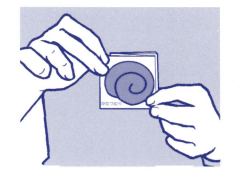

お話
これは何でしょうか？

② 左手のチョキの形を添えて、かたつむりの形にします。

♪ むしむし　かたつむり

お話
こうするとわかるかな？
これは、かたつむりです。

③ 両手の持ち方（つまみ方）を変えます。

♪ おまえの
　あたまは

お話
少し小さいので、おまじないをかけましょう。
チチンプイプイの～

（カコミ内は裏から見た図）

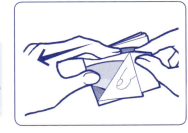

④ 人差し指を横にすべらせ、紙を開きます。　　　　　　　　（カコミ内は裏から見た図）

♪ どこにある

お話
プイ！
何と大きくなりました。

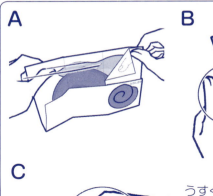

うすく印刷されたそれぞれの指の形は、そこをその指で押さえるためのガイドです。

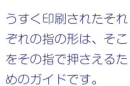

⑤ この後、左手は左上に、右手は右下に動かします。

♪ つのだせ　やりだせ
　あたまだせ

お話
さらに注目してください。せ〜の、

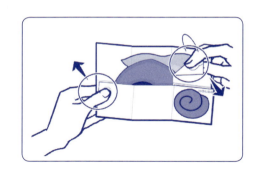

⑥ 瞬間に紙が広がり、絵が変化したように見えます。

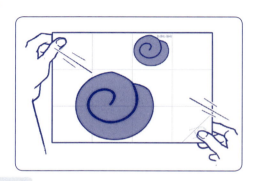

お話
はい！　さらに大きくなりました！

8 かたつむり型紙（A） 型紙はこちらを上にして貼り合わせます。

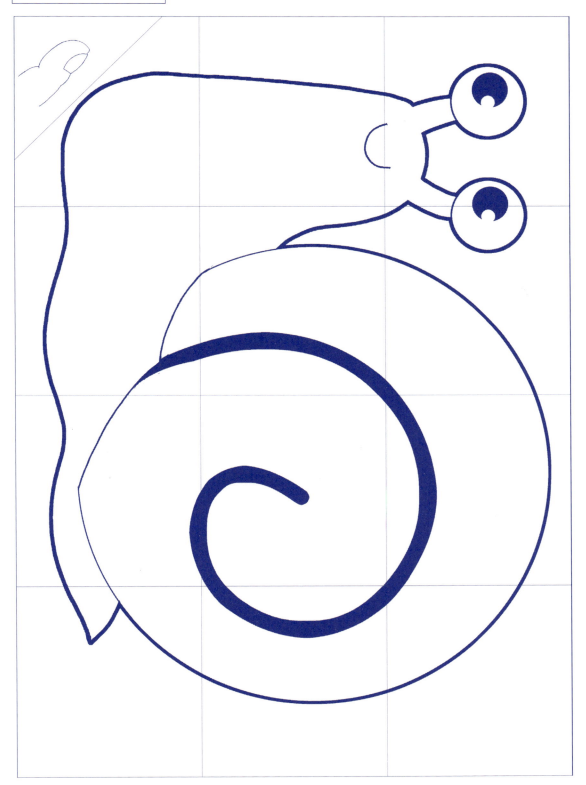

びっくり歌遊び

8 かたつむり型紙（B） 型紙はこちらを上にして貼り合わせます。

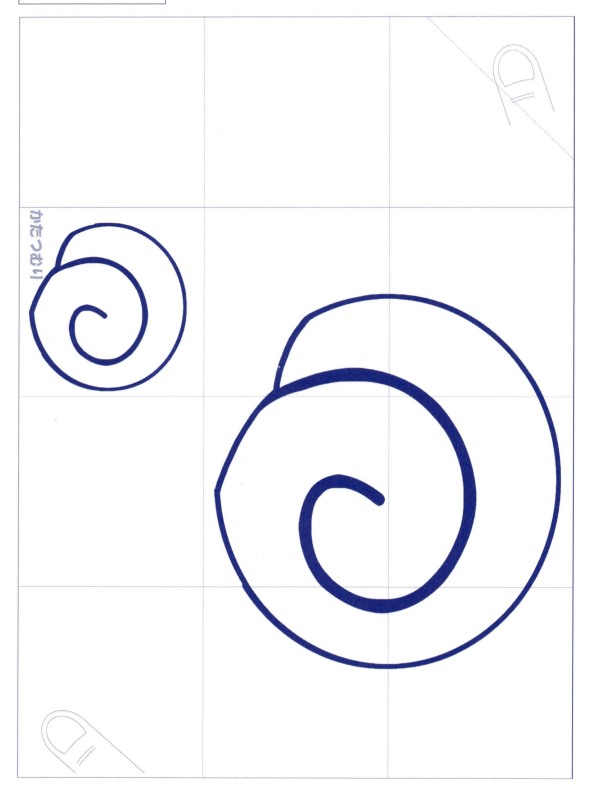

訳詞：馬場祥弘

驚きいっぱい、短くかわいい物語！
9 もりのくまさん

女の子とくまさんが森で出会い、そして意外なくらい驚きます！

折り方・演じ方の準備 [型紙（A）33、（B）34ページを貼り合わせる]

1

2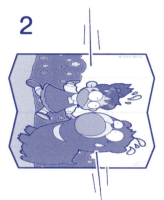

3

4

全ての線に、山折り・谷折り両方の折りぐせをつけておきます。
後は矢印に従って、折っていきます。
（山折り→／谷折り⇒）

こちらの面を相手側に向けて、準備完了です。

演じ方

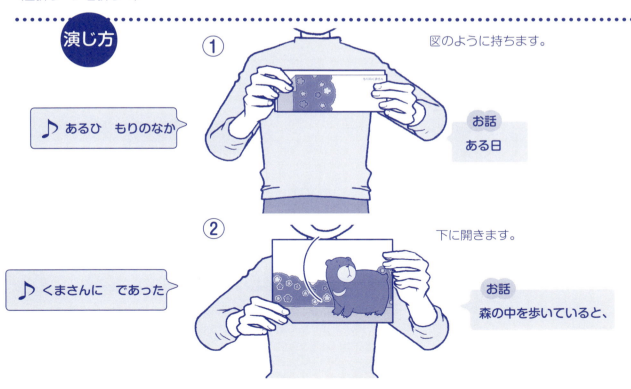

① 図のように持ちます。
♪あるひ もりのなか
お話 ある日

② 下に開きます。
♪くまさんに であった
お話 森の中を歩いていると、

びっくり歌遊び

31

③

♪ はなさく もりのみち

図のように次も下に開きます。

お話
くまさんが現われました。

④

♪ くまさんに

お話
……

（カコミ内は裏から見た図）

⑤

♪ であった

お話
そして、

裏で、左手の人差し指が手前で、親指が向こう側になるように持ち替えます。
右手の人差し指は折れた角を図のようにつまみます。うすく印刷されたそれぞれの指の形は、そこをその指で押さえるためのガイドです。
それぞれ斜めの対角線を引っ張るように伸ばします。
同時に左手の親指は、手前になるよう、紙を押し上げ、紙が反転するのを助けます。

⑥

お話
すごく驚きました！
おしまい。

反転し終わると、このような形になります。

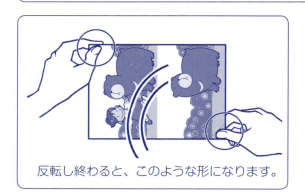

・・・・・ **ポイント** ・・・・・

最後の変化のとき、紙の位置が変わらないようにすると、絵が変化したように見えます。逆に紙を大きく動かしてしまうと、そうは見えません。変化させた後は紙をすぐにしまわず、3〜4秒ほどよく見せてから終わりにします。

9　もりのくまさん型紙（A）　　型紙はこちらを上にして貼り合わせます。

もりのくまさん

びっくり歌遊び

9 もりのくまさん型紙（B）　型紙はこちらを上にして貼り合わせます。

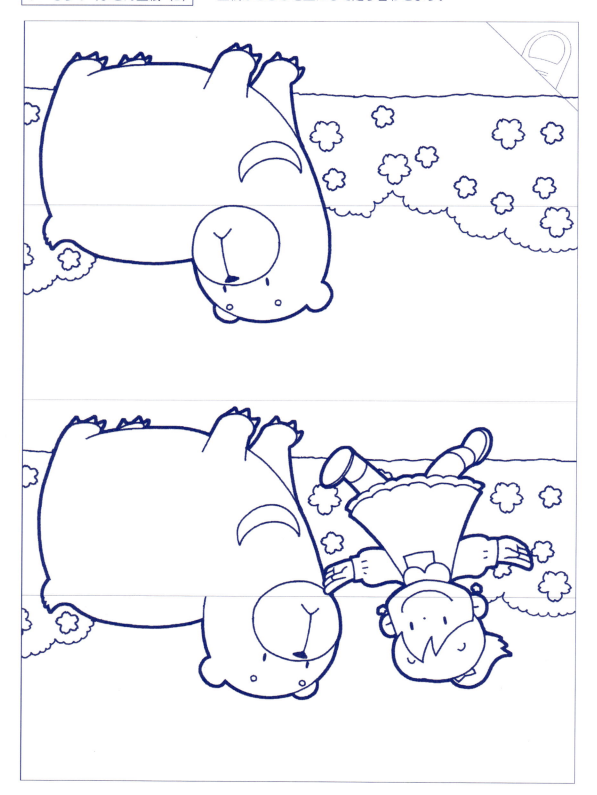

手遊びものがたり

おなじみのグーチョキパーで何ができるかな？

10 グーチョキパー

グーチョキパーの中から2つの組み合わせを見せて、動物に例えます。
その後に、例えた動物の絵が現れます。

ポイント

両手の絵を示したとき、その動物のイメージの動きをしましょう。

●発展●

手遊びの曲で、歌いながらすすめるときは、ゆっくりと歌いましょう。常にリズムをとるように紙を動かして演じるようにしましょう。

折り方・演じ方の準備 [型紙（A）37、（B）38ページを貼り合わせる]

1 →

全ての線に山折り・谷折り両方の折りぐせをつけておきます。
後は矢印に従って、折っていきます。
（山折り→／谷折り⇒）

2

3

4 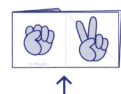 こちらの面を相手側に向けて、準備完了です。

演じ方　図のように進めます。

①
お話 これは、グー、ですね。

② **お話** ではこれは？（チョキ！／観客）そうですね。

③ **お話** これは？（パー！／観客）そうですね。今からこの手の形を使って、あるものを表現します。

④ 右上の角を折ります。
お話 こちらの角を折りますと、

⑤
お話 パーがチョキになりました。

⑥ 中心に左右の紙を寄せます。

お話
この2つのチョキで完成です。両手がチョキチョキと言えば、さあ何でしょうか？（かに！／観客）

⑦ かにの絵が現れるように、2つ折りします。

お話
はい、正解です。このとおり、かにの絵も現れます。

⑧

お話
では、グーチョキパーに戻してもう1度。

⑨ 左の角を折ります。

お話
今度はこちらの角を折りますと

⑩

お話
チョキがパーになりまして

⑪

お話
2つのパーで完成です。このようにひらひらと羽ばたくものと言えば、さあ何でしょうか？（ちょうちょ！／観客）

⑫

お話
では、見てください、せーの

（カコミ内は⑫を斜め前から見た図）

図のように紙の角をそれぞれ持ちます。そして上下に引っ張ります。

⑬

お話
ジャン！　正解です、ちょうちょです。

紙が横に広がり、ちょうちょの絵が現れます。広がるとき、紙が右腕にぶつからないように、持ち方に注意します。

⑭ 下側の紙を上に折ります。

お話
元に戻して、折り紙手遊びは、

⑮

紙を横半分に折ります。

お話
終わりです。ありがとうございました。

10 グーチョキパー型紙（A）　型紙はこちらを上にして貼り合わせます。

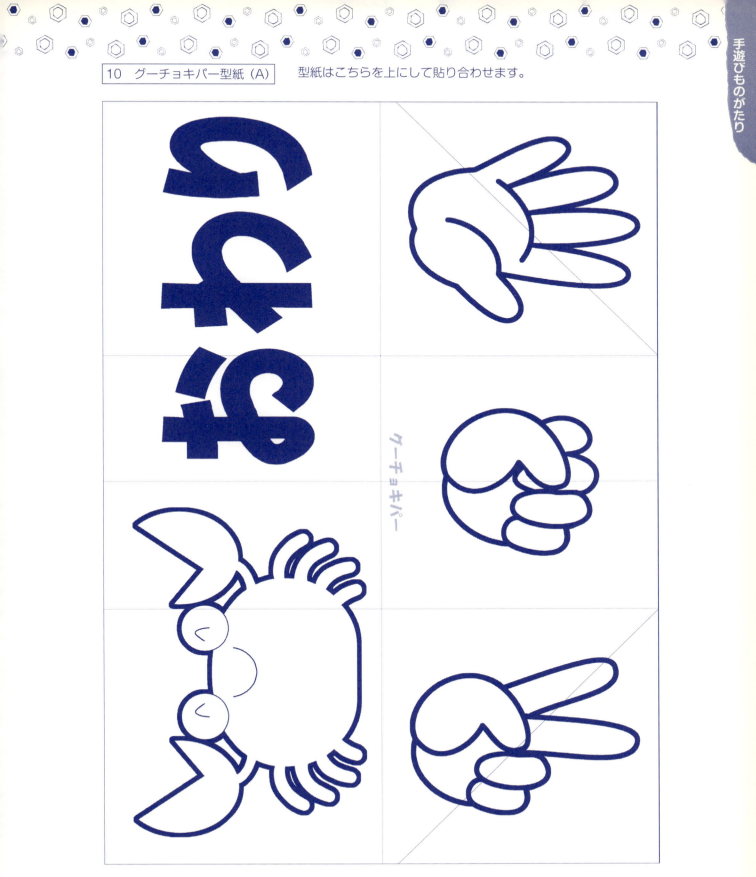

10 グーチョキパー型紙（B）　型紙はこちらを上にして貼り合わせます。

あおむしの親子はどこへ行った？
11 キャベツのなかから

キャベツから、あおむしの親子が出てきます。
あおむしの親子はいったん消えて、ちょうちょになって現れます。

折り方・演じ方の準備 [型紙（A）42、（B）43ページを貼り合わせる]

1. 矢印に従って山折り（→）、谷折り（⇒）に折っていきます。

2.

3. こちらの面を相手側に向けて、準備完了です。

演じ方

① 図のように持って進めます。

お話
キャベツがあります。
キャベツの中はどうなっているのかな？

②

お話
2つに切って中を見てみましょう。

③

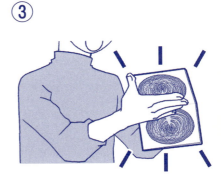

お話
ザクッ！　このとおり、何もいないようですね。

④

お話
ではキャベツをよく見ていてください。せーの！

このように持ちます。親指が相手側、人差し指が手前になっています。

（カコミ内は裏から見た図）

⑤

お話
あおむしの親子が現れました。お父さんと、お母さんと、赤ちゃんあおむしです。

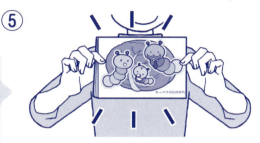

親指を上に動かすようにして紙を反転させます。すばやく行うと、絵が変わったように見えます。

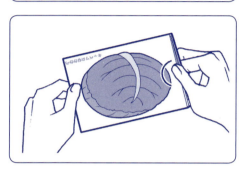

⑥

お話
それではもう1度、よく見ていてください。このようにして、

人差し指を図のように差し込みます。中央をつまみ、わんきょくさせます。図のように持ち、左手で、手前からはじきます。

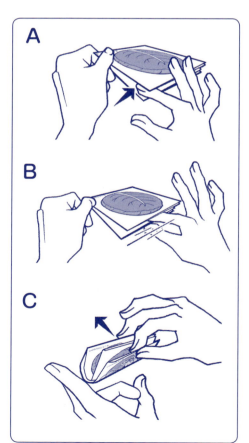

●発展●

手遊びの曲で、歌いながらすすめるときは、演技⑤に行くまでに、キャベツの紙の裏から親指や人差し指、小指を歌に合わせて順番にのぞかせて動かしたりすると良いでしょう。

演技⑤からはお話で進め、最後の所だけ歌に戻り、「ちょうちょになりました」で終わります。

⑦

お話
パン！ とはじくと、
あれ？

同時に、右手の中指を離すと、
紙が広がります。

（カコミ内は裏から見た図）

⑧

お話
あおむしの親子が〜、
消えてしまいました！

下半分の紙を上げるように閉じます。

⑨

お話
どこへ行ったのかな？
全部、広げてみましょう。
せーの！

手前の紙をつまみ、左の人差し指を左
に向って動かし、

（裏をやや上から見た図）

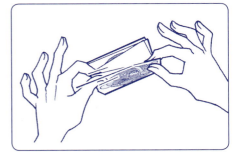

⑩

お話
ちょうちょになりました！
良かったね。

そのまま全体を開きます。

（裏をやや上から見た図）

ポイント

あおむしの親子が消えた後は、ど
こに消えたか探したり、お話で時間
をとってから全体を広げましょう。
　何日かたちました！ というお話
にしても良いですね。

11 キャベツのなかから型紙（A） 型紙はこちらを上にして貼り合わせます。

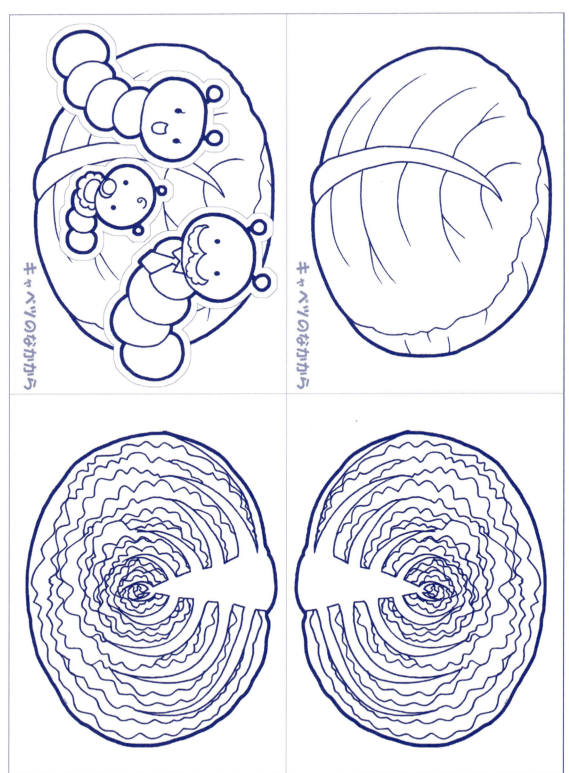

11 キャベツのなかから型紙（B） 型紙はこちらを上にして貼り合わせます。

バラバラの体がもとに戻るよ！
12 あたまかたひざポン

あたま、かた、ひざの3つの組み合わせが間違っています。
閉じて開くと正しく戻り、最後はお礼のメッセージが現れます。

折り方・演じ方の準備 [型紙（A）47、（B）48ページを貼り合わせる]

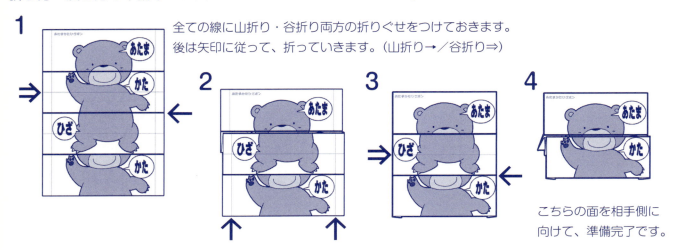

全ての線に山折り・谷折り両方の折りぐせをつけておきます。
後は矢印に従って、折っていきます。（山折り→／谷折り⇒）

こちらの面を相手側に向けて、準備完了です。

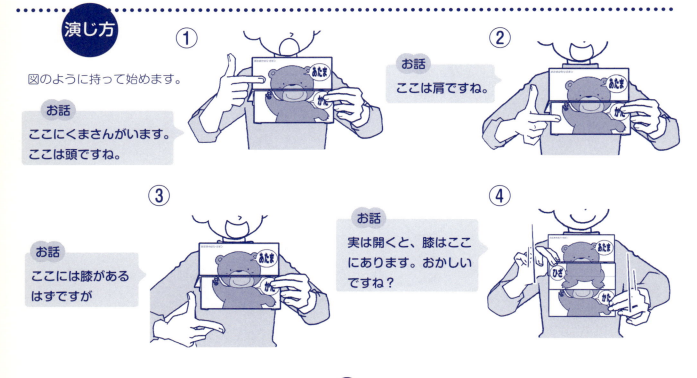

演じ方

図のように持って始めます。

① お話　ここにくまさんがいます。ここは頭ですね。

② お話　ここは肩ですね。

③ お話　ここには膝があるはずですが

④ お話　実は開くと、膝はここにあります。おかしいですね？

⑤ 両横の折り返し部分を開きます。

（カコミ内は裏から見た図）

お話
何とかしましょうね。

⑥ 図のように上部分を折ります。

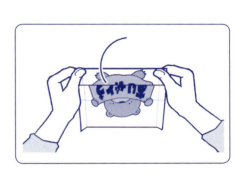

お話
いったん紙を畳みます。

⑦ 下の部分を手前に折り上げます。

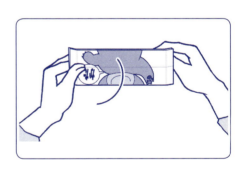

お話
このようにして

⑧

お話
みなさん、おまじないを
かけてください～。

ポイント
最初の体の組み合わせが違っている状態（演じ方④）をわかりやすく伝えながら進めてください。

⑨

左手は手前の部分、右手は相手側の下の部分を持ち、それぞれ開きます。

お話
うまくいったかな？
では見てみましょう。

（カコミ内は裏から見た図）

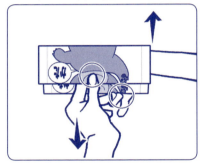

●発展●

手遊びの曲で、歌いながらすすめるときは、お話の通り演技を進め、演技⑧でみんなで歌ってもらい、おまじないのかわりにするのが良いでしょう。

⑩

お話
ジャン！
うまくいきました。

⑪

図のように左手を持ち替えて、紙の上下が反転するように開きます。

お話
みなさんご協力、

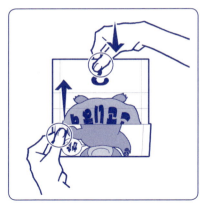

⑫

開き終わると、このような形になります。

お話
ありがとうございました。

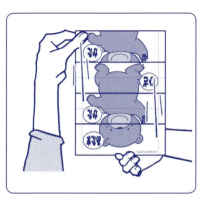

12　あたまかたひざポン型紙（A）　　型紙はこちらを上にして貼り合わせます。

12 あたまかたひざポン型紙（B） 型紙はこちらを上にして貼り合わせます。

めくるめくお魚の5つの変化！
13 イワシのひらき

数字のごろに合わせて、お魚を次々と紹介していきます。
最後はクジラがメッセージを残して終わります。

折り方・演じ方の準備 [型紙（A）52、（B）53ページを貼り合わせる]

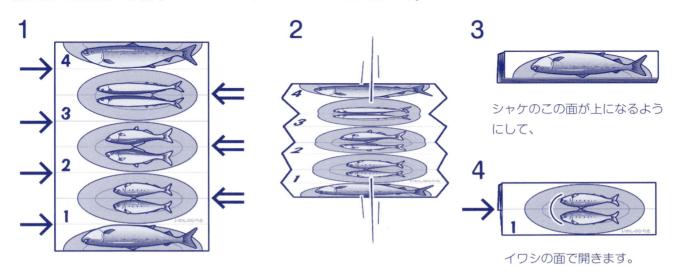

1 矢印に従って、山折り（→）谷折り（⇒）を繰り返します。

2 いったん、ジグザクにたたみます。

3 シャケのこの面が上になるようにして、

4 イワシの面で開きます。

5 このように折ります。こちらの面を相手側に向けて、準備完了です。

演じ方

演技①〜⑦までは、常に自分側の紙を1ページめくり上げては（魚のひらきになる）相手側に下ろす（次の魚が現われる）ように続けていきます。

①

お話
みなさん、今から数字に合わせてお魚を紹介していきますね。まずは1。イチと言えば…こちらのイワシです。

②

お話
そしてこうすると、イワシのひらきになりました。

③

お話
次が2。ニと言えば何でしょう？　…そうです、こちらのニシンです。

④

お話
そしてこうすると、ニシンのひらきになりました。

⑤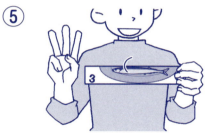

お話
次は3。サンと言えばなんでしょう？　…そうです、こちらのサンマです。

⑥

お話
そしてこうすると、サンマのひらきになりました。

⑦

お話
次は4。シと言えばなんでしょう？　…そうです、こちらのシャケです。

⑧

シャケのひらきを見せますが、閉じるとき自分側へ折り戻します。

お話
やはりこうすると、シャケのひらきになりました。

⑨

シャケをクジラに変えますが、上から中のクジラの部分をつまみ、左手は、中央から左下に向って、すべらせていきます。

（カコミ内は裏から見た図）

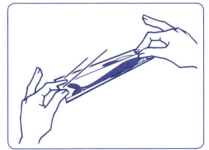

お話
このひらきを戻して、では一気に9。クと言えばなんでしょう？

⑩

このようにしてクジラの部分を広げます。

お話
そうです、こちらのクジラです。クジラのひらきは…できません。かわりに

⑪

右手はもう1つ中の紙につまみかえます。それを上に引き上げると潮を吹いたクジラの絵が現れます。

お話
これがクジラの潮吹きです。ピュー！

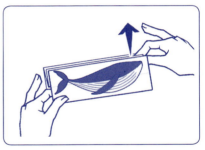

⑫

クジラの向きを変えて、メッセージを現します。

お話
はい、みなさん、大きなクジラになりました。それでは、さようなら。

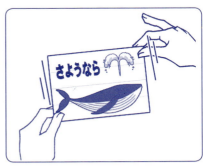

ポイント

魚に動きをつけましょう。例えば、クジラが潮を吹いたら、泳ぐように揺らしながらその場を離れ、またユーターンしてメッセージを示しながら去っていくというように。演技が大きく、またユーモラスになるでしょう。

●発展●

手遊びの曲で、歌いながらすすめるときは、歌いながらもできますが、紙を開くだけだと動きが小さくなります。片手を使ったゼスチャー（例えば潮を吹く動き）などをおりまぜると良いでしょう。

13 イワシのひらき型紙（A）　型紙はこちらを上にして貼り合わせます。

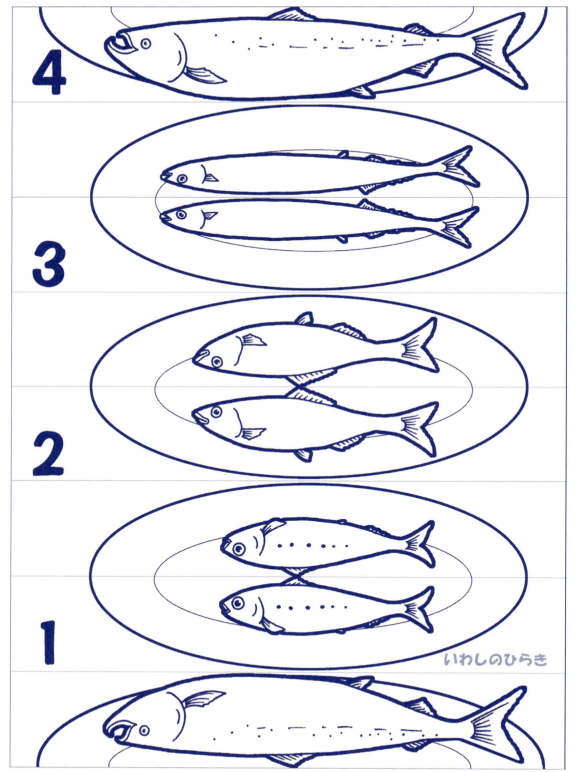

13 イワシのひらき型紙（B）　　型紙はこちらを上にして貼り合わせます。

手遊びものがたり

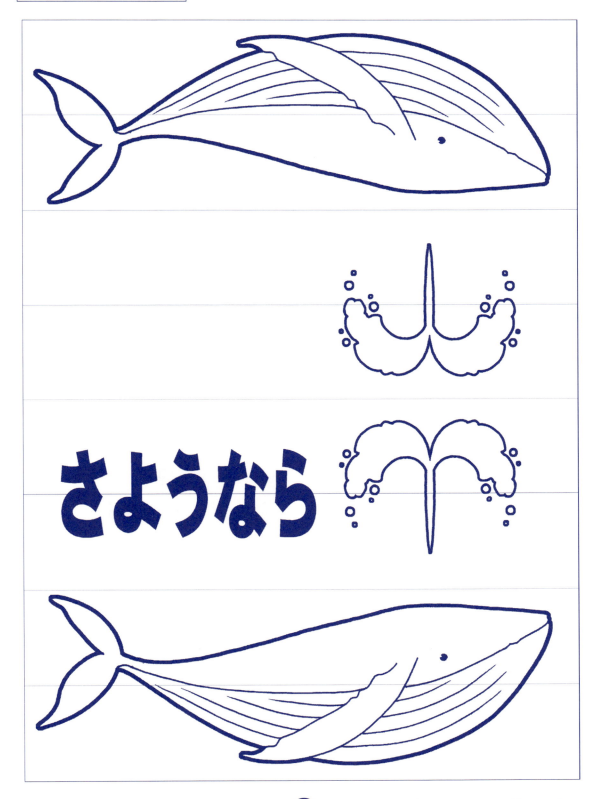

玉子を割ると、不思議なお料理が始まるよ！

14 たまごでおりょうり

紙１枚で、いろいろな玉子料理を紹介していきます。
最後はホットケーキにびっくりする変化が起こります。

折り方・演じ方の準備[型紙（A）58、（B）59ページを貼り合わせる]

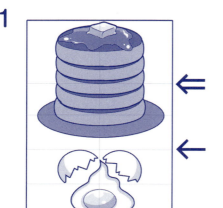

全ての線に山折り・谷折り両方の折り
ぐせをつけておきます。
　後は矢印に従って、折っていきます。
（山折り→／谷折り⇒）

こちらの面を相手側に向けて、
準備完了です。

 ①〜⑱は、図のように進めます。

①

お話
いろいろな玉子料理を
見てもらいますね。

②

左右の紙を近づけては離すを、ポ
ン！に合わせて２回行います。

お話
まずは、このようにポン！
ポン！　と２回割りまして…

③

お話
さあ、何ができるかな？
ジュージュー？

お話
はい、目玉焼きが
できました。

お話
では元に戻ってもう1度。

左右の紙を近づけては離すを、
ポン！に合わせて3回行います。

お話
今度は、ポン！ポン！ポン！と3回割りまして…

お話
さあ、何ができるかな？
ジュージューグルグル？

お話
はい、玉子焼きが
できました！

お話
では元に戻ってもう1度。

⑩

左右の紙を近づけて、上下に4回振ります。

お話
今度は、ポン！ポン！ポン！ポン！
4回割らないよ…

⑪

紙の間に左の指を入れます。

お話
さあ、何ができるかな？
コトコトグツグツ？

⑫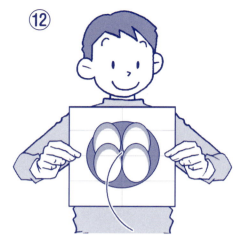

相手側の紙を下から持ち上げるように開きます。

お話
はい、ゆで玉子ができました！

⑬

上げた紙を下げて、元に戻します。

お話
では元に戻ってもう1度。

⑭

左右の紙を近づけては離すを、ポン！に合わせて5回行います。

お話
今度は、ポン！ポン！ポン！ポン！ポン！と
5回割りまして…

⑮ 図のように両人差し指を、紙の間に入れ…

お話
さあ、何ができるかな？
ジュージューフワフワ？

ポイント

前半の目玉焼き、玉子焼きを見せるのはやさしめですが、ゆで玉子のときは、もたつきやすいので気をつけましょう。
初めからゆったり余裕を持って演じてください。

●発展●

手遊びの曲で歌いながらすすめるときは、比較的、歌にも合わせやすい展開となっています。
動きを工夫しながらトライしてみてください。

⑯ 玉子の割れた絵を上から半分に2つ折りします。

お話
はい、ホットケーキができました！
みなさん召し上がれ〜。

（カコミ内は裏から見た図）

⑰ 図のように上下を持ち、

お話
あれ、1枚じゃ足りないかなぁ？
それでは、見てね。

⑱ 上に引き上げます。

お話
ジャン！
はい、増えました〜。

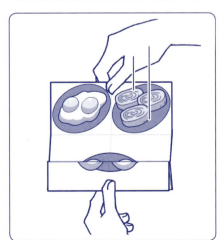

14 たまごでおりょうり型紙（A）　　型紙はこちらを上にして貼り合わせます。

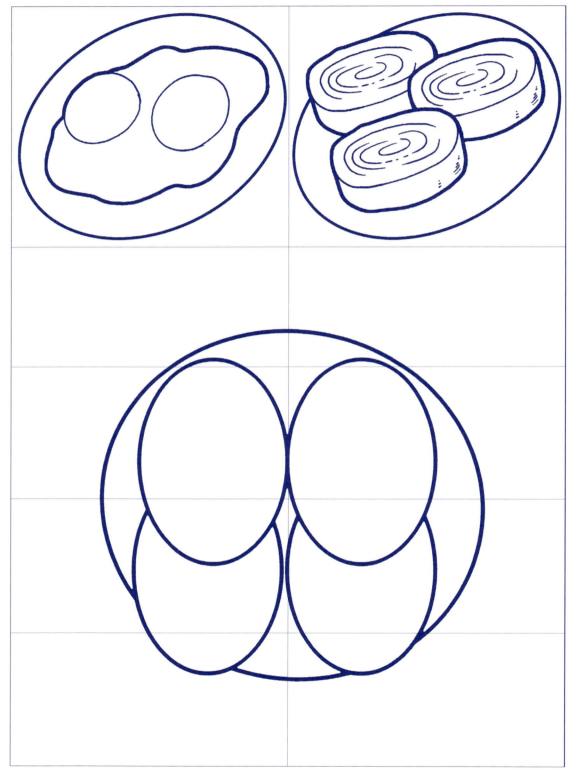

マジック歌遊び

どんぐり&どじょうの大魔術ショー！

作詞：青木存義

15 どんぐりころころ

水槽に入ったどんぐりが、マジシャンのどじょうと入れ替わります。

折り方・演じ方の準備 [型紙（A）62、（B）63ページを貼り合わせる]

1

2つの斜めの線に山折り・谷折り両方の折りぐせをつけておきます。
後は矢印に従って、折っていきます。（山折り→／谷折り⇒）

2

3

こちらの面を相手側に向けて、準備完了です。

・・・

演じ方　図のように持ち、進めます。

①

♪ どんぐりころころ
　 どんぶりこ

お話
さあ今から、どんぐりとどじょうのイリュージョンショーが始まります。

②

♪ おいけに　はまって
　 さあたいへん

お話
どんぐりが水槽に入ってますね。
息ができず苦しそうです。

③ ♪どじょうがでてきて こんにちは

お話
どじょうはマジシャンのようです。さてどうするのでしょうか？

④ ♪ぼっちゃん いっしょに

お話
さあ、何かが起きそうです。見逃さないでくださいね。

⑤ ♪あそびましょ

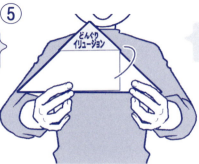

お話
ワン、ツー、スリー

⑥

図のように紙の角をつまみます。

（カコミ内は裏から見た図）

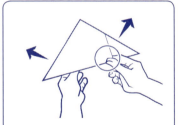

手前は図のようにつまみ、矢印の方向に向って紙を開くと、

⑦ ♪～！

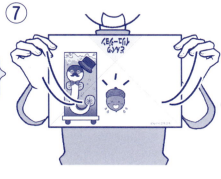

お話
はい、見事に入れ替わりました。どじょうは水の中でも大丈夫ですね。大成功です！

一気に紙が反転して、図のように広がります。

ポイント
最後の変化をさせるとき、紙をつまんでいる箇所が回転軸となるように（紙が回るよう）適度につまむようにします。
力みすぎて破らないようにしましょう。

15 どんぐりころころ型紙（A）　型紙はこちらを上にして貼り合わせます。

15 どんぐりころころ型紙（B） 型紙はこちらを上にして貼り合わせます。

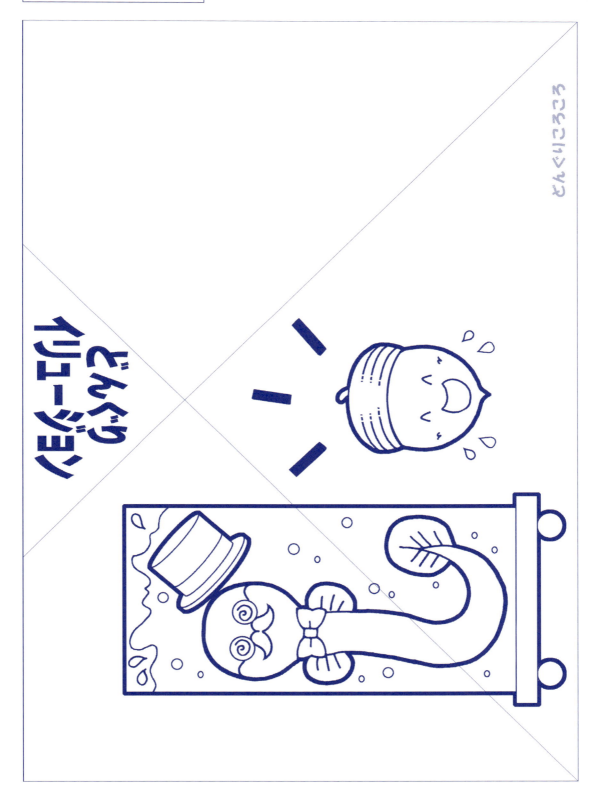

あたま隠して、おしり隠さず？

16 かくれんぼ

作詞：林 柳波

犬の絵を畳んで再び広げると、犬が隠れた絵になっています。

折り方・演じ方の準備 [型紙（A）67、（B）68ページ]

●糊か両面テープを用意する。

1 　2枚の型紙とも、全ての線に谷折りの折りぐせをつけておきます。
2 　後は、図のように作っていきます。
3 　完成の図を手前に向けて持って、準備完了です。

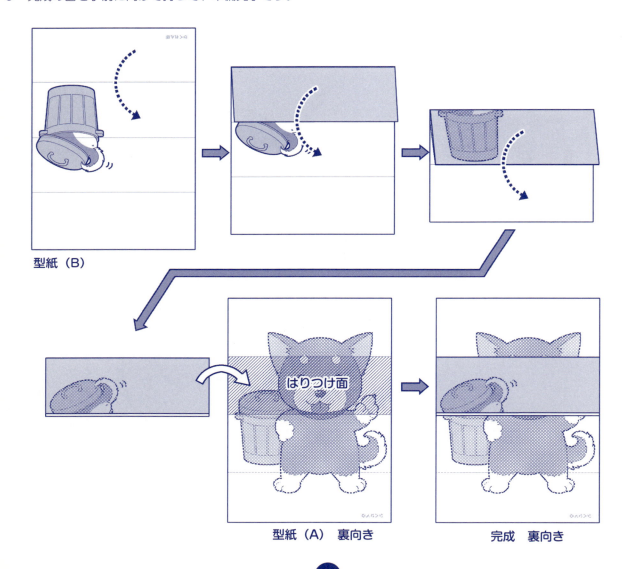

演じ方

① 下から順に畳んでいきます。

♪ かくれんぼ
するもの
よっといで
じゃんけんぽん
あいこでしょ

お話
犬さんが、かくれんぼをするそうです。どこに隠れるのかな？

（カコミ内は裏から見た図）

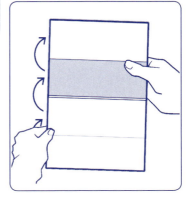

②

♪ もういいかい
まあだだよ

お話
まだ見えますね。

③

♪ もういいかい
まあだだよ

お話
まだ見えますね。

④

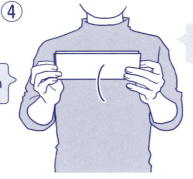

お話
見えなくなりました。

♪ もういいかい

ポイント

歌詞や歌のリズムに合わせやすく、またシンプルで見やすい作品です。
このシアターの前後に何かお話をつけたし、より楽しい物に膨らませてください。

マジック歌遊び

⑤　図のように、型紙（B）を開いていきます。

（カコミ内は裏から見た図）

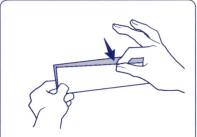

♪ もういいよ

お話
もういいかい？
では見てみましょう。

型紙（B）が開きやすいように人差し指を入れ、手前の畳まれた型紙（A）をつまんでいます。人差し指が入れやすいように、紙の重なりにはズレがあります。

⑥
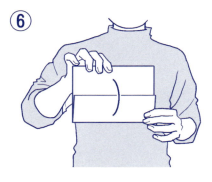

⑦
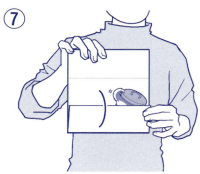

⑧

お話
あれ？
どこかに隠れたようです。

このように
なっています。

16 かくれんぼ型紙（A）

かくれんぼ

16 かくれんぼ型紙 (B)

かくれんぼ

みんな知ってる物語にびっくりするよ！

17 ももたろう

文部省唱歌

桃太郎の絵を2つ折りに畳み、傾けると、本物の和菓子が出てきます。
紙を開くと、腰につけていた、きび団子の絵が消えています。

折り方・演じ方の準備　[型紙（A）73、（B）74ページ]

●糊か両面テープ／厚紙（工作用紙）／個別包装された和菓子2、3個を用意する。

ネタ場を作ります。

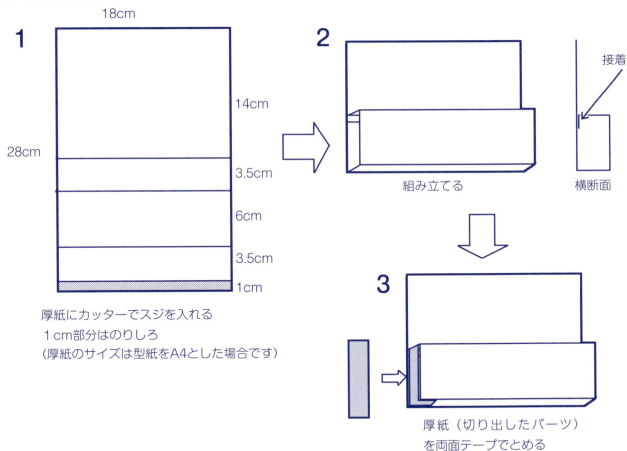

1　厚紙にカッターでスジを入れる
　　1cm部分はのりしろ
　　（厚紙のサイズは型紙をA4とした場合です）

2　組み立てる／横断面／接着

3　厚紙（切り出したパーツ）
　　を両面テープでとめる

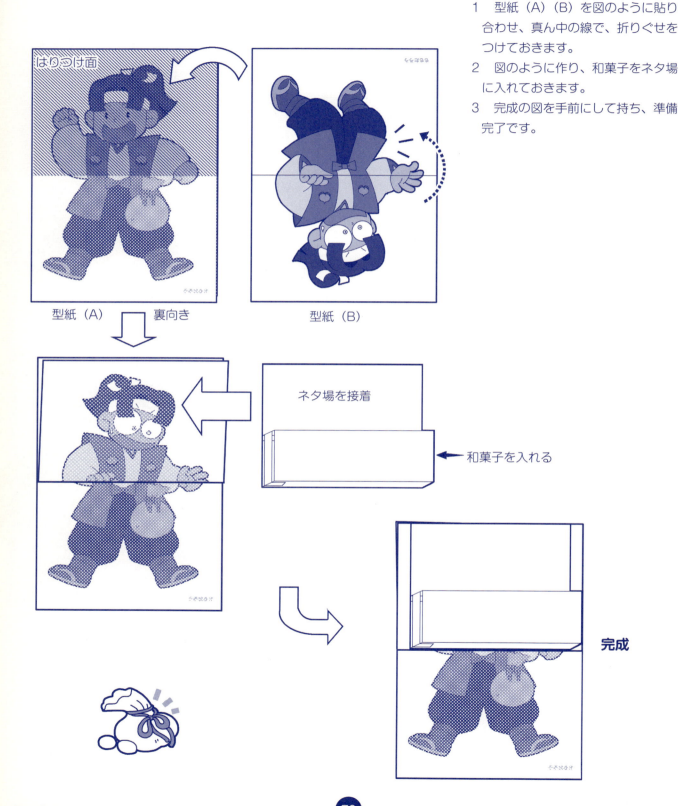

1 型紙（A）（B）を図のように貼り合わせ、真ん中の線で、折りぐせをつけておきます。
2 図のように作り、和菓子をネタ場に入れておきます。
3 完成の図を手前にして持ち、準備完了です。

演じ方　図のように進めます。

①

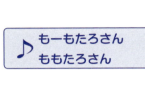
♪もーもたろさん
　ももたろさん

お話
昔話で有名な桃太郎がいます。

②

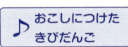
♪おこしにつけた
　きびだんご

お話
腰にはきび団子を備えているようです。1つぐらいもらえないかなぁ？

③

♪ひとつ
　わたしにくださいな

お話
2つ折りにして傾けてみましょう。

④

お話
〈ドサッ〉あれれ、こんなに出てきちゃいました！

（カコミ内は裏から見た図）

和菓子を出すとき、左手で図のあたりを持つと傾けやすいです。

⑤

お話
開いてみましょう。

（カコミ内は裏から見た図）

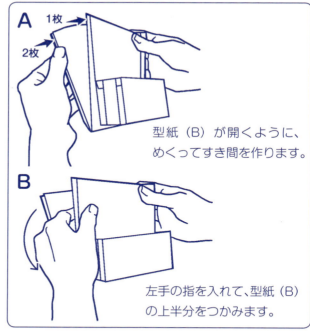

型紙（B）が開くように、めくってすき間を作ります。

左手の指を入れて、型紙（B）の上半分をつかみます。

⑥

右手で下に開きます。

お話
おやおや、困った様子です。取りすぎちゃったかな。

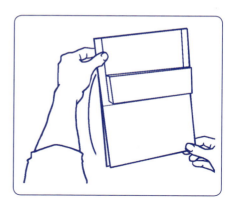

ポイント

2つ折りにしたとき、下からネタ場が見えないように、角度に気をつけてください。

きび団子はイメージなので、ネタ場に入る物なら別の和菓子でも良いでしょう。

72

17 ももたろう型紙（A）

ももたろう

17 ももたろう型紙（B）

ももたろう

歌に合わせて、丸くおさまるお月様！

18 つき

紙を広げると四角い顔。
畳んで再び広げると、丸いお顔のお月様になっています。

文部省唱歌

マジック歌遊び

折り方・演じ方の準備 [型紙（A）79、（B）80、（C）81ページ]

1　型紙（A）（B）を貼り合わせ、全ての線に山折り谷折り、両方の折りぐせをつけておきます。
2　型紙（C）は、円形に切り取ります。
3　切り取った型紙（C）を型紙（B）に貼り、完成の図を手前に持って、準備完了です。

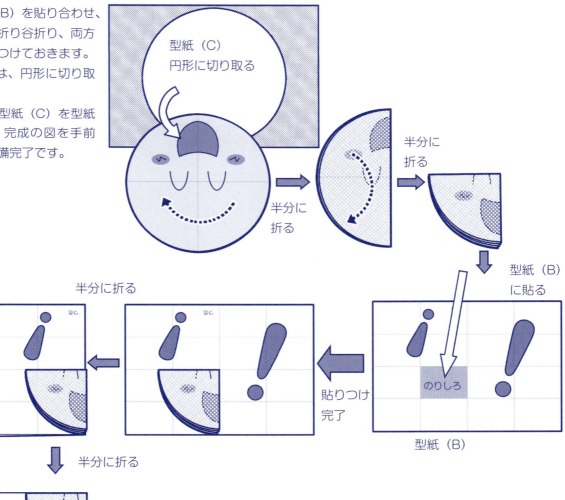

演じ方

（カコミ内は裏から見た図）

① 🎵 でた

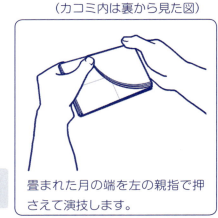

お話
ビックリマークです。

畳まれた月の端を左の親指で押さえて演技します。

② 🎵 でた

お話
さらに大きなビックリマーク、そして

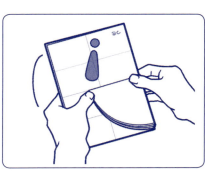

③ 🎵 つきが

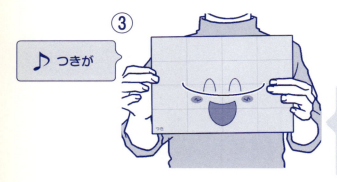

お話
大きな顔が現れました。お月様です。四角いから少し分かりづらいかな？

左手で手前の紙を持ち、右手で相手側の紙を横に開きます。

④ 🎵 まるい

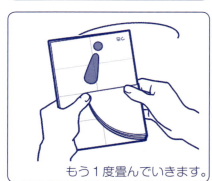

もう1度畳んでいきます。

⑤ ♪まるい

（カコミ内は裏から見た図）

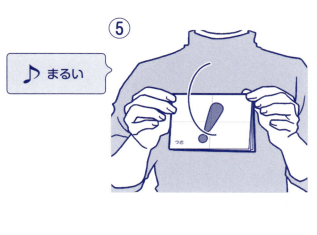
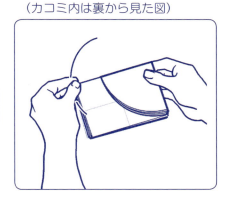

お話
もう1度。

⑥ ♪まんまるい

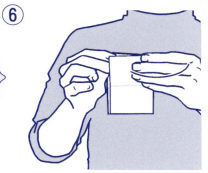

お話
すると

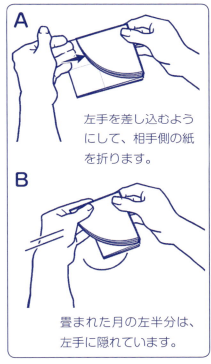

A 左手を差し込むようにして、相手側の紙を折ります。

B 畳まれた月の左半分は、左手に隠れています。

⑦ ♪ぼんのような

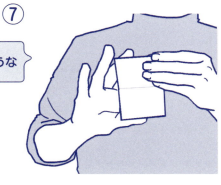

お話
えいっ！

右手で図のように月をつかむようにして、相手側の紙を折り、同時に全体を反転させます。

⑧ ♪つき

お話
これで…

（カコミ内は裏から見た図）

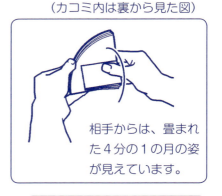

相手からは、畳まれた4分の1の月の姿が見えています。

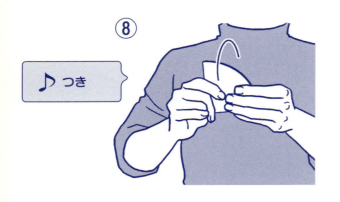

⑨ ♪が〜

お話
お月様らしくなりました！

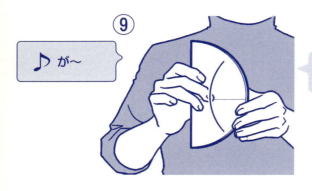

A

B

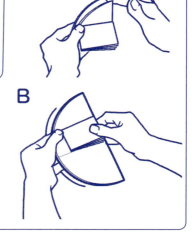

左の親指で畳まれた紙を押さえながら、図のように月の紙を広げていきます。

⑩

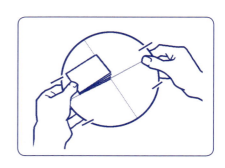

■■■■■ ポイント ■■■■■

展開が早いので、動きが遅れがちになります。特に⑥〜⑨の演技は、練習しましょう。歌にぴったり合わせて演じられれば、大変盛り上がるのでぜひ頑張ってください。

18 つき型紙(A)　型紙はこちらを上にして貼り合わせます。

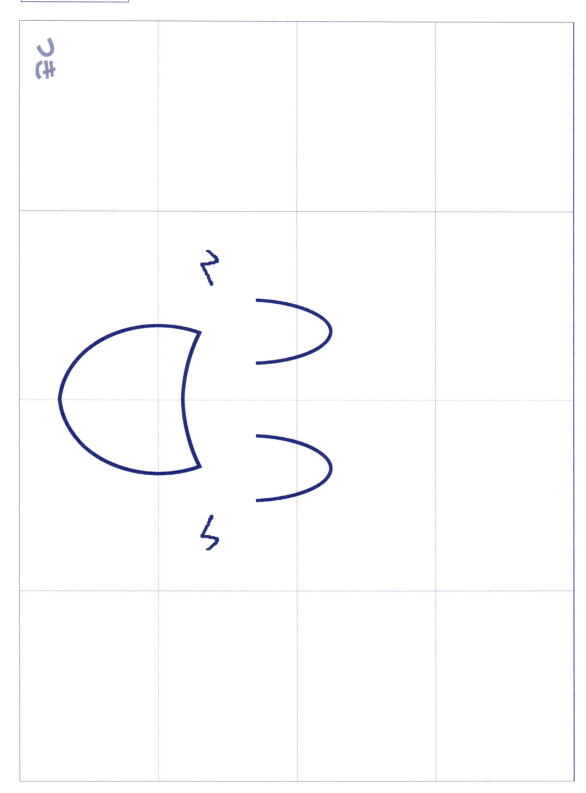

| 18　つき型紙（B） | 型紙はこちらを上にして貼り合わせます。

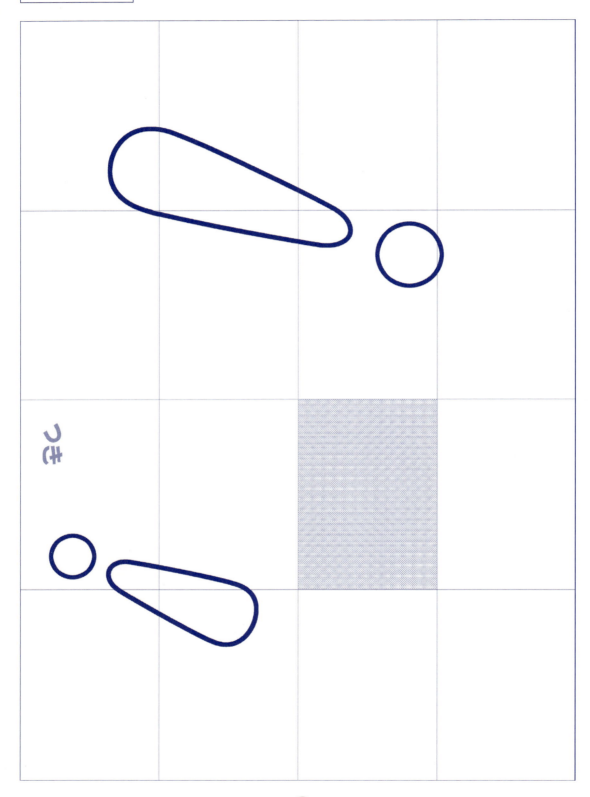

18 つき型紙（C）

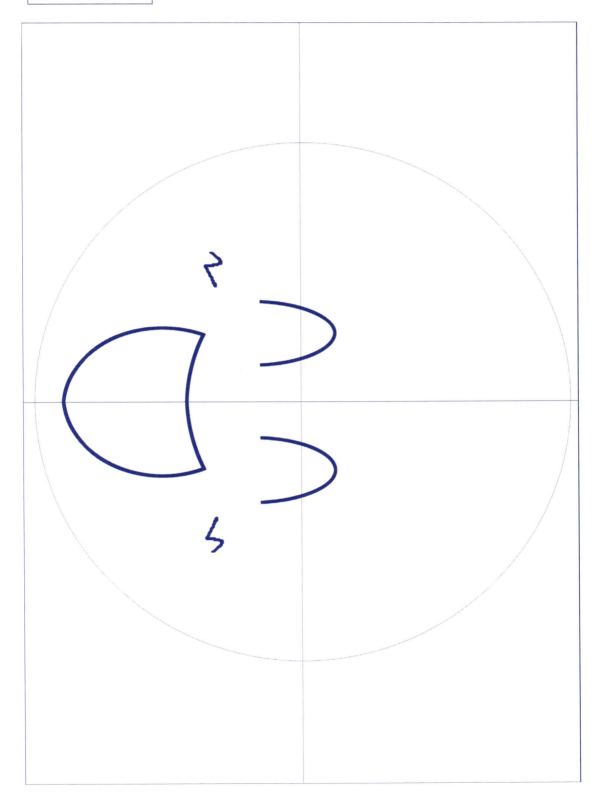

寒い冬も、これでみんなの笑顔がふりそそぎます！

19 ゆき

文部省唱歌

雪だるまの絵を畳んで丸めて持ちます。
息を吹きかけると、中から白い紙テープが流れ落ちます。

折り方・演じ方の準備 [型紙（A）86、（B）87ページを貼り合わせる]

白の紙テープを用意する。

1

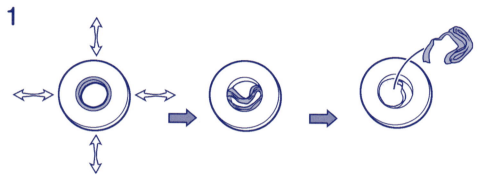

紙テープは何度かつぶして柔らかくし、中の芯を取り外しておきます。

2

型紙は矢印に従って、折っていきます。

3

4

紙テープを型紙の裏に隠し持って準備完了です。

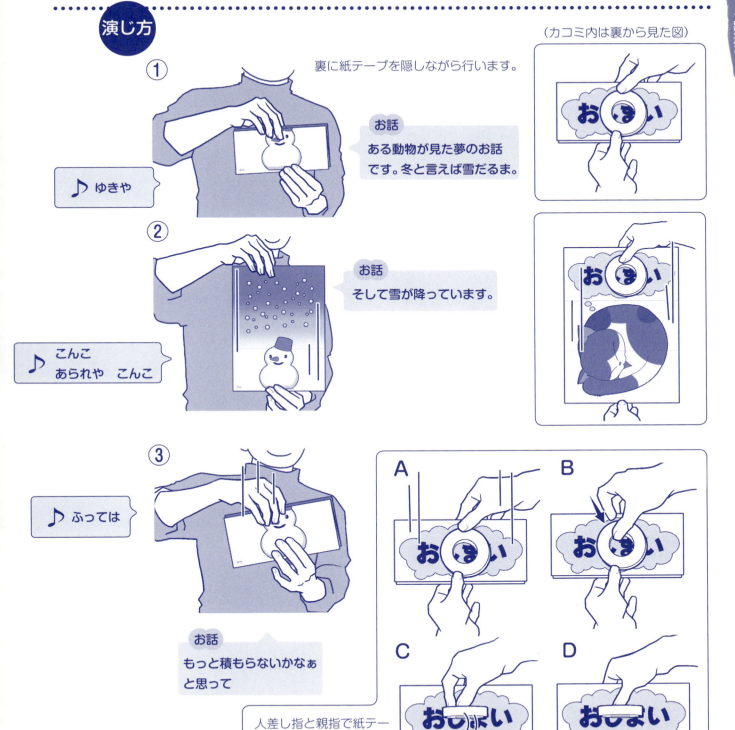

④

♪ ふっては
　まだふりやまぬ

お話
このように丸めて

（カコミ内は裏から見た図）

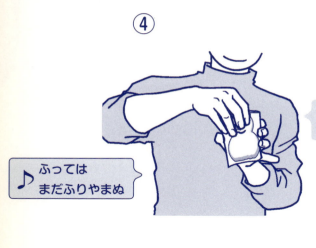

図のように、左手で紙テープごと持ちます。

⑤

♪ <ふー>

お話
<ふー>

紙テープの穴に息を吹くと、内側から紙テープが流れ落ちていきます。

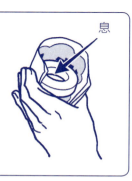

⑥

♪ いぬは　よろこび
　にわかけまわり
　ねこは　こたつで
　まるくなる

図のように手に持ち、紙テープを落としていきます。

お話
すると、白い雪がたくさん降りつもりました。

⑦

紙テープが全部出たら、図のように演技を進めて終わります。

お話
これで

⑧

お話
おしまい。
夢を見たのは

⑨

お話
丸くなった猫でした。

ポイント

紙テープが落ち始めたら、持っている紙をいろんな場所に動かして演技を大きく見せましょう。紙テープが途中で止まったら、手で下に引いてください。

歌は紙テープが流れている途中で終わります。お話でつなぐか、もう1度歌っても良いでしょう。

19 ゆき型紙（A）　型紙はこちらを上にして貼り合わせます。

19 ゆき型紙（B）　型紙はこちらを上にして貼り合わせます。

神秘の物語をマジックで締めくくろう!!
20 うらしまたろう

文部省唱歌

浦島太郎に関する4枚の紙がつながります。

折り方・演じ方の準備 [型紙（A）92、（B）93、（C）94ページ]

1　型紙（A）（B）を貼り合わせます。
2　貼り合わせた型紙を図のように畳み、4つ折りにします。
3　型紙（C）は3枚のパーツに切り出し、図の順番に重ね、型紙（B）に重ねます。
4　こちらの面を相手側に向けて、準備完了です。

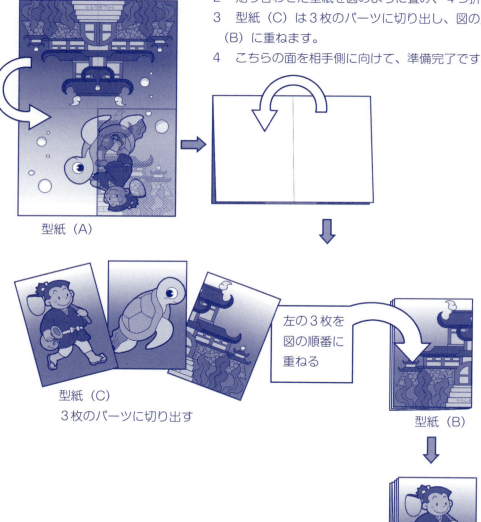

型紙（A）

型紙（C）
3枚のパーツに切り出す

左の3枚を
図の順番に
重ねる

型紙（B）

準備完了

演じ方

①
♪ むかし むかし うらしまは

漁師の絵を示します。

お話
ここに4枚の絵があります。
これは漁師です。

②
♪ たすけたかめに

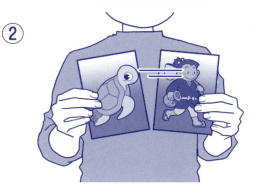

漁師とかめの絵を示します。

お話
これはかめさんですね。

③
♪ つれられて

漁師とかめとお城の絵を示します。
1番手前は、4つ折りの紙ですが、何気なく重ねた状態で見せれば気づかれません。

お話
そして何やら、お城のようです。

④
♪ りゅうぐうじょう

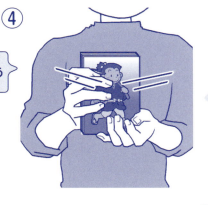

全体を揃え、

お話
今からこのバラバラの4枚を1つのストーリーにまとめると、

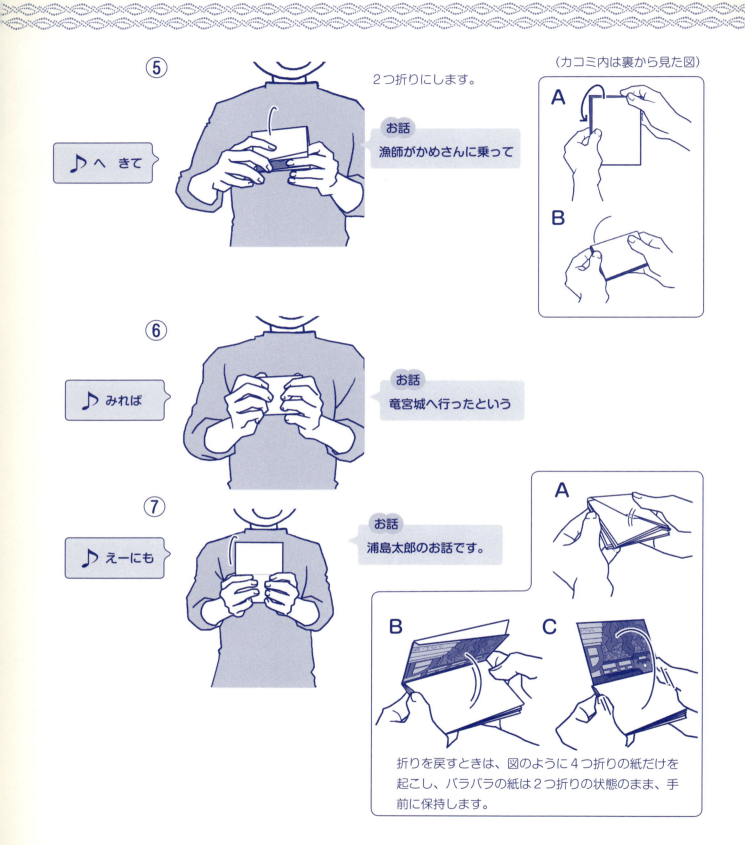

（カコミ内は裏から見た図）

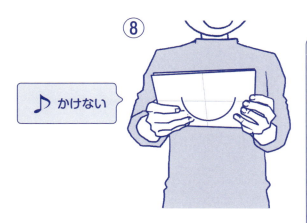

⑧
♪ かけない

お話
どうやら紙の方も

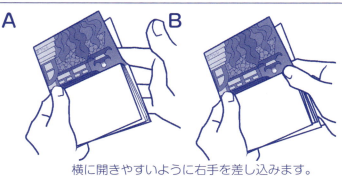

横に開きやすいように右手を差し込みます。

横に開いたら、バラバラの紙は相手から見えてはいけません。
見えそうな位置だったら、右親指で押し上げておきます。

⑨
♪ うつくしさ

お話
1枚にまとまりました。

最後は縦に開きます。バラバラの紙は常に隠れるように持っています。

ポイント

演技後半で陰の動きが忙しくなりますので、あわてないようにしましょう。お話で演じられるようになってから、歌いながらにトライするのが良いでしょう。
イラストを自作すれば、いろいろな応用ができますので、こちらもトライしてみてください。（例えば、分割された4枚のお祝いメッセージが1枚につながる等）

20 うらしまたろう型紙（A）　型紙はこちらを上にして貼り合わせます。

20 うらしまたろう型紙 (B)　　型紙はこちらを上にして貼り合わせます。

20 うらしまたろう型紙（C）

おわりに

　2000年の『おり紙マジック　ワンダーランド』(いかだ社)から始まり、今日まで数々の「おり紙シリーズ」を発表してきました。
　一般におり紙というと正方形の紙を折った造形を目的としていますが、ここでの目的は造形ではありません。目的は楽しく愉快なコミュニケーションを図るということです。
　おり紙にマジックの要素を取り入れたのは「演じる」という部分です。不思議さももちろんありますが、不思議さを求めて難しくなるよりも、なるべくやさしく単純にしたい、という思いがありました。その結果たどり着いたのが、長方形の型紙を使うということでした。長方形の紙は身近ですし、演じる上での可能性も多々ありました。というのが「おり紙シリーズ」です。
　この『おり紙マジックシアター』は、その基本を引き継ぎながらも、
●マジックではできないこと
●マジックの不思議に迫るもの
の２つを、３部構成に分けて盛り込んでいます。

　本書を作るにあたっては、タイトルが示す通りシリーズの集大成のつもりで臨みました。私（作り手）としては、さらに別の要素を追加しろと言われても、うーん…と白旗を上げた気分になりますが、次に向けて超えるべき壁ができたとも言えますし、ある意味で目標に達したことなのかもしれません。それは完全なものができたというのではなく、大筋は考え抜いた上で、個々は程よく可能性を秘めたものにできた、という感じです。
　昔、基本から応用までガチガチに考え抜いて解説したマジック製品を出しました。その際、友人に言われた言葉が「買う人の楽しみを奪っているよ」でした。マジックは自分なりに変える楽しみもあり、演じる人によって正解も１つではありません。なるほどと思いました。

　この本も観客にとって見やすい・分かりやすいを前提に、自分なりの工夫もぜひお楽しみいただければと思います。そして、それぞれの現場で楽しく生かされることを願っています。

2017年２月

藤原邦恭

本書は2017年3月小社より刊行されたものの図書館版です。

プロフィール

藤原邦恭（ふじわら　くにやす）

小学校卒業の寄せ書きに将来の夢は…「職業奇術家」と記す。
1990年、プロマジッククリエイターとして始動し、夢を叶える。
以来、不思議と楽しさの融合をめざし、マジックや夢のある遊びを草案。
マジックグッズや書籍を含め、TVや講演、国内外で藤原ワールドを展開中。

【著書】
『楽しいサウンドマジック』『おり紙歌あそびソングシアター』
『おり紙マジック　ワンダーランド』『100円ショップでどきどきマジック』
『子どもと楽しむ10秒マジック（DVD付）』
『笑劇！教室でできる10秒マジック（DVD付）』
『かんたんクイック手品を100倍楽しむ本』『超ウケ　キッズマジック（全3巻）』
『クリスマス・正月のハッピーマジック』（以上、いかだ社）
『お誕生会を変える！保育きらきらマジック』（世界文化社）など多数

イラスト●桜木恵美　　編集●持丸恵美子　　DTP●渡辺美知子デザイン室

[図書館版] おり紙マジックシアター

2017年3月12日　第1刷発行

著者●藤原邦恭Ⓒ
発行人●新沼光太郎
発行所●株式会社いかだ社
〒102-0072東京都千代田区飯田橋2-4-10加島ビル
Tel.03-3234-5365　Fax.03-3234-5308
E-mail　info@ikadasha.jp
ホームページURL　http://www.ikadasha.jp
振替・00130-2-572993
印刷・製本　株式会社ミツワ

日本音楽著作権協会（出）許諾第1702335-701号
乱丁・落丁の場合はお取り換えいたします。
ISBN978-4-87051-485-0
本書の内容を権利者の承諾なく、営利目的で転載・複写・複製することを禁じます。